R

53726

LA LOI NATURELLE,

OU

CATÉCHISME

DU CITOYEN FRANÇAIS,

Par Ch. F. Volney.

1586

DE L'IMPRIMERIE DE DIDOT JEUNE.

PARIS,

Chez SALLIOR, successeur de DIDOT Jeune,
quai des Augustins, n°. 22.

1793,

L'an deuxième de la République.

LA LOI NATURELLE,

OU

CATÉCHISME

DU CITOYEN FRANÇAIS.

CHAPITRE Ier.

Caractères de la Loi Naturelle.

D. Qu'est-ce que la loi naturelle ?

R. C'est la loi éternelle, immuable, nécessaire, par laquelle Dieu régit l'univers, et qu'il présente lui-même aux sens et à la raison des hommes pour leur servir de règle égale et commune, et les guider ;

sans distinction de pays ni de secte, vers la perfection et le bonheur.

D. En quoi la loi naturelle diffère-t-elle des autres lois?

R. Elle en diffère par dix caractères principaux.

D. Quel est le premier?

R. C'est d'être primitive et antérieure à toutes les autres dont elle est le modèle, et qui n'en sont que des imitations et des copies imparfaites.

D. Quel est le second?

R. C'est de venir immédiatement de Dieu, d'être présentée par lui à chaque homme, tandis que les autres nous sont présentées par des hommes qui peuvent être trompés ou trompeurs.

D. Quel est le troisième ?

R. C'est d'être commune à tous les tems, à tous les pays, c'est-à-dire, d'être une et universelle.

D. Est-ce qu'aucune autre loi n'est universelle ?

R. Non : car aucune ne convient, aucune n'est applicable à tous les peuples de la terre : toutes sont locales et accidentelles, nées par circonstances de lieux et de personnes; ensorte que si tel homme, tel événement n'eussent pas existé, telle loi n'existerait pas.

D. Quel est le quatrième caractère ?

R. C'est d'être uniforme et invariable.

D. Est-ce qu'aucune autre n'est uniforme et invariable?

R. Non : car ce qui est *bien* et *vertu* selon l'une, est *mal* et *vice* selon l'autre ; et ce qu'une même loi approuve dans un tems, elle le condamne souvent par la suite.

D. Quel est le cinquième caractère?

R. D'être évidente et palpable, parce qu'elle consiste toute entière en faits sans cesse présens aux sens et à la démonstration.

D. Est-ce que les autres ne sont pas évidentes?

R. Non : car elles se fondent sur des faits passés et douteux, sur des témoignages équivoques et suspects, et sur des preuves inaccessibles aux sens.

D. Quel est le sixième caractère?

R. D'être raisonnable, parce que ses préceptes et toute sa doctrine sont conformes à la raison et à l'entendement humain.

D. Est-ce qu'aucune autre loi n'est raisonnable?

R. Non: car toutes contrarient la raison et l'entendement de l'homme, et lui imposent avec tyrannie une croyance aveugle et impraticable.

D. Quel est le septième caractère?

R. D'être juste, parce que dans cette loi les peines sont proportionnées aux infractions.

D. Est-ce que les autres lois ne sont pas justes?

R. Non: car elles attachent souvent aux mérites ou aux délits, des peines ou des récompenses démesurées; et elles imputent à mérite ou à délit des actions nulles ou indifférentes.

D. Quel est le huitième caractère?

R. D'être pacifique et tolérante, parce que dans la loi naturelle, tous les hommes étant frères et égaux en droits, elle ne leur conseille à tous que paix et tolérance, même pour leurs erreurs.

D. Est-ce que les autres lois ne sont pas pacifiques?

R. Non: car toutes prêchent la dissention, la discorde, la guerre, et divisent les hommes par des prétentions exclusives de vérité et de domination.

D. Quel est le neuvième caractère?

R. D'être également bienfesante
pour tous les hommes, en leur en-
seignant à tous les véritables moyens
d'être meilleurs et plus heureux.

D. Est-ce que les autres ne sont
pas aussi bienfesantes?

R. Non : car, aucune n'enseigne
les véritables moyens du bonheur ;
toutes se réduisent à des pratiques
pernicieuses ou futiles ; et les faits
le prouvent, puisque après tant de
lois, tant de religions, de législateurs et de prophètes, les hommes
sont encore aussi malheureux, et
aussi ignorans qu'il y a cinq mille
ans.

D. Quel est le dernier caractère
de la loi naturelle?

R. C'est de suffire seule à rendre les hommes plus heureux et meilleurs ; parce qu'elle embrasse tout ce que les autres lois civiles ou religieuses ont de bon et d'utile, c'est-à-dire, qu'elle en est essentiellement la partie morale, de manière que si les autres lois en étaient dépouillées, elles se trouveraient réduites à des opinions chimériques et imaginaires, sans aucune utilité pratique.

D. Résumez-moi tous ces caractères ?

R. J'ai dit que la loi naturelle est,

1°. Primitive ;

2°. Immédiate ;

3°. Universelle ;

4°. Invariable ;

5°. Évidente ;

6°. Raisonnable ;

7°. Juste ;

8°. Pacifique ;

9°. Bienfesante ;

10°. Et seule suffisante ; et c'est parce qu'elle réunit tous ces attributs de perfection et de vérité, que les Français l'ont adoptée, et qu'ils la professent comme la plus digne de l'homme, et de DIEU dont elle émane,

D. Si elle émane de Dieu, enseigne-t-elle son existence ?

R. Oui, très-positivement ; car pour tout homme qui observe avec réflexion le spectacle étonnant de l'univers, plus il médite sur les propriétés et les attributs de chaque être, sur l'ordre admirable et l'harmonie de leurs mouvemens, plus il lui est démontré qu'il existe un *agent suprême*, un *moteur universel et identique*, désigné par le nom de DIEU; et il est si vrai que la loi naturelle suffit pour élever à la connaissance de DIEU, que tout ce que les hommes ont prétendu en connaître par des moyens étrangers, s'est constamment trouvé ridicule, absurde, et qu'ils ont été obligés d'en revenir aux immuables notions de la raison naturelle.

D. Il n'est donc pas vrai que les sectateurs de *la loi naturelle* soient athées?

R. Non, cela n'est pas vrai; au contraire, ils ont de la Divinité des

idées plus fortes et plus nobles que
les hypocrites qui les calomnient ;
car ils ne la souillent point du mé-
lange de toutes les faiblesses et de
toutes les passions de l'humanité.

D. Quel est le culte qu'ils lui
rendent ?

R. Un culte tout entier d'action ;
la pratique et l'observation de toutes les règles que la *expérience* sugéssé
a imposées au mouvement de cha-
que être ; règles éternelles et inalté-
rables, par lesquelles elle maintient
l'ordre et l'harmonie de l'univers ;
et qui dans leurs rapports avec
l'homme composent la loi naturelle.

D. A-t-on connu avant ce jour
la loi naturelle ?

R. L'on en a de tout tems parlé ;

la plupart des législateurs ont dit la prendre pour base de leurs lois; mais ils n'en ont cité que quelques préceptes, et ils n'ont eu de la totalité que des idées vagues.

D. Pourquoi cela?

R. Parceque, quoique simple dans ses bases, elle forme dans ses développemens et ses conséquences, un ensemble compliqué qui exige la connaissance de beaucoup de faits, et toute la sagacité du raisonnement.

D. Est-ce que l'instinct seul n'enseigne pas la loi naturelle?

R. Non: car par *instinct* l'on n'entend que ce sentiment aveugle qui porte indistinctement vers tout ce qui flatte les sens.

D. Pourquoi dit-on donc que la

loi naturelle est gravée dans le cœur de tous les hommes ?

R. On le dit , par deux raisons ; 1°. parce que l'on a remarqué qu'il y avait des actes et des sentimens communs à tous les hommes, ce qui vient de leur commune organisa- tion ; 2°. parce que les premiers phi- losophes ont cru que les hommes naissaient avec des idées déjà for- mées, ce qui est maintenant démon- tré une erreur.

D. Les philosophes se trompent donc ?

R. Oui, cela leur arrive.

D. Pourquoi cela ?

R. 1°. Parce qu'ils sont hommes ; 2°. parce que les ignorans appellent philosophes tous ceux qui raison-

nent bien ou mal ; 3°. parce que
ceux qui raisonnent sur beaucoup
de choses, et qui en raisonnent les
premiers, sont sujets à se tromper.

D. Si la loi naturelle n'est pas
écrite, ne devient-elle pas une chose
arbitraire et idéale ?

R. Non, parce qu'elle consiste
toute entière en faits dont la démonstration peut sans cesse se re-
nouveler aux sens, et composer une
science aussi précise et aussi exacte
que la géométrie et les mathémati-
ques ; et c'est par la raison même
que la loi naturelle forme une
science exacte, que les hommes,
nés ignorans et vivant distraits, ne
l'ont connue jusqu'à nos jours que
superficiellement.

CHAPITRE II.

Principes de la Loi naturelle par rapport à l'homme.

D. Développez-moi les principes de la loi naturelle par rapport à l'homme ?

R. Ils sont simples; ils se réduisent à un précepte fondamental et unique.

D. Quel est ce précepte ?

R. C'est la conservation de soi-même.

D. Comment la nature ordonne-t-elle à l'homme de se conserver ?

R. Par deux sensations puissantes et involontaires, qu'elle a attachées comme deux guides, deux gardiens à toutes ses actions : l'une, sensation de douleur, par laquelle elle l'avertit et le détourne de tout ce qui tend à le détruire ; l'autre, sensation de plaisir, par laquelle elle l'attire et le porte vers tout ce qui tend à conserver et développer son existence.

D. Le plaisir n'est donc pas un mal, un *péché*, comme le prétendent les Casuistes ?

R. Non : il ne l'est qu'autant qu'il tend à détruire la vie et la santé, qui, du propre aveu de ces Casuistes, nous viennent de Dieu même.

D. Le plaisir est-il l'objet principal de notre existence condue, comme l'ont dit quelques philosophes ?

R. Non ; il ne l'est pas plus que la douleur ; le plaisir est un encouragement à vivre, comme la douleur un repoussement à mourir.

D. Comment prouvez-vous cette assertion ?

R. Par deux faits palpables : l'un, que le plaisir, s'il est pris au-delà du besoin, conduit à la destruction : par exemple, un homme qui abuse du plaisir de manger ou de boire, attaque sa santé, et nuit à sa vie. L'autre, que la douleur conduit quelquefois à la conservation : par exemple, un homme qui se fait couper un membre gangrené, souffre de la douleur, et c'est afin de ne pas périr tout entier.

D. Mais cela même ne prouve-t-il

pas que nos sensations peuvent nous tromper sur le but de notre conser-vation ?

R. Oui : elles le peuvent en effet momentanément.

D. Comment nos sensations nous trompent-elles ?

R. De deux manières ; par igno-rance, et par passion.

D. Quand nous trompent-elles par ignorance ?

R. Lorsque nous agissons sans connaître l'action, et l'effet des objets sur nos sens ; par exemple, lorsqu'un homme touche des orties sans connaître leur qualité piquante; ou lorsqu'il mâche de l'opium dont il ignore la qualité endormante.

D. Quand nous trompent-elles par passion ?

R. Lorsque, connaissant l'action nuisible des objets, nous nous livrons cependant à la fougue de nos desirs et de nos appétits : par exemple, lorsqu'un homme qui sait que le vin enivre, en boit cependant avec excès.

D. Que résulte-t-il de là ?

R. Il en résulte que l'ignorance dans laquelle nous naissons, et que les appétits déréglés auxquels nous nous livrons, sont contraires à notre conservation; que par conséquent l'instruction de notre esprit et la modération de nos passions sont deux obligations, deux lois naturelles qui dérivent immédiatement de la première loi de la conservation.

D. Mais si nous naissons ignorans,

l'ignorance n'est-elle pas une loi naturelle?

R. Pas davantage que de rester enfans nus et faibles : loin d'être pour l'homme une loi de la nature, l'ignorance est un obstacle à la pratique de toutes ses lois. C'est le véritable péché originel.

D. Pourquoi donc s'est-il trouvé des moralistes qui l'ont regardée comme une vertu et une perfection?

R. Parce que par bisarrerie d'esprit, ou par misanthropie, ils ont confondu l'abus des connaissances avec les connaissances mêmes : comme si, parce qu'un homme a tenté une calomnie, il fallait lui ôter la faculté de penser : comme si la perfection et la vertu consis-

saient dans la nullité, et non dans
le développement et le bon emploi
de nos facultés.

D. L'instruction est donc une nécessité indispensable à l'existence
de l'homme ?

R. Oui : tel'ement indispensable
que sans elle il est à chaque instant
frappé et blessé par tous les êtres
qui l'environnent ; car, s'il ne connait les effets du feu, il se brûle ;
ceux de l'eau, il se noie ; ceux de
l'opium, il s'empoisonne : si dans
l'état sauvage il ne connaît les ruses
des animaux et l'art de saisir le gi-
bier, il périt de faim ; si dans l'état
social il ne connaît la marche des
saisons, il ne peut ni labourer, ni
s'alimenter ; ainsi de toutes ses ac-

tions dans tous les besoins de sa conservation. »

D. Mais toutes ces notions nécessaires à son existence et au développement de ses facultés, l'homme isolé peut-il se les procurer ?

R. Non ; il ne le peut qu'avec l'aide de ses semblables, que vivant en *société*.

D. Mais la société n'est-elle pas pour l'homme un état contre nature ?

R. Non ; elle est au contraire un besoin, une loi que la nature lui impose par le propre fait de son organisation ; car, 1°. la nature a tellement constitué l'être humain, qu'il ne voit point son semblable d'un autre sexe, sans éprouver des émo-

tions, et un attrait dont les suites
le conduisent à vivre en famille qui
déja est un état de société ; 2°. en
le formant sensible, elle l'a organisé
de manière que les sensations d'autrui se réfléchissent en lui-même,
et y excitent des co-sentimens de
plaisir, de douleur, de pitié, qui
sont un attrait et un lien indisso-
luble de la société ; 3°. enfin, l'état
de société fondé sur les besoins de
l'homme n'est qu'un moyen de plus
de remplir la loi de se conserter :
et dire qu'il est hors de nature
parce qu'il est plus parfait, c'est
dire qu'un fruit amer et sauvage
dans les bois n'est pas le produit de
la nature, parce qu'il est devenu
doux et délicieux dans les jardins
où on l'a cultivé,   3.

D. Pourquoi donc des philosophes ont-ils appelé la vie sauvage l'état de *perfection* ?

R. Parce que parmi les philosophes, comme parmi les autres hommes, il y a des sages et des fous; des esprits bizarres, qui par morosité, par vanité blessée, par dégoût des vices de la société, se sont fait de l'état sauvage des idées chimériques, contradictoires à leur propre système de l'homme parfait.

D. Qu'est-ce que l'homme dans l'état sauvage?

R. C'est un animal brute, ignorant, ou une bête méchante et féroce à la manière des ours et des orang-outangs.

D. Est-il heureux dans cet état?

R. Non : car il n'a que les sensations du moment, et ces sensations sont habituellement celles de besoins violens qu'il ne peut remplir, parce qu'il est ignorant par nature, et faible par isolement.

D. Est-il libre ?

R. Non · il est le plus esclave des êtres ; car sa vie dépend de tout ce qui l'entoure : il n'est pas libre de manger quand il a faim, de se reposer quand il est las ; de se réchauffer quand il a froid ; il court risque à chaque instant de périr : aussi la nature n'a-t-elle préservé que par hasard de tels individus ; et l'on voit que tous les efforts de l'espèce humaine depuis son origine n'ont tendu qu'à sortir de cet état

violent, par le besoin pressant de
sa conservation.

D. Mais ce besoin de conservation ne produit-il pas dans les individus *l'égoïsme*, c'est-à-dire *l'amour
de soi?* et l'égoïsme n'est-il pas contraire à l'état social?

R. Non : car, si par *égoïsme* vous
entendez le penchant à nuire à autrui, ce n'est plus l'amour de soi,
c'est la haine des autres. L'amour
de soi, pris dans son vrai sens, non-
seulement n'est pas contraire à la société, il en est le plus ferme appui,
par la nécessité de ne pas nuire à
autrui, de peur qu'en retour il ne
nous nuise.

Ainsi la conservation de l'homme,
et le développement de ses facultés

dirigé vers ce but, sont la véritable
loi de la nature dans sa production ;
et c'est de ce principe simple et fé-
cond que dérivent, c'est à lui que
se rapportent, sur lui que se mesu-
rent toutes les idées de *bien* et de
mal, de *vice* et de *vertu*, de *juste* ou
d'injuste, de *vérité* ou *d'erreur*, de
permis ou de *défendu*, qui fondent
la morale de l'homme individu, ou
de l'homme social.

CHAPITRE III.

*Bases de la Morale ; du bien , du mal,
du péché, du crime, du vice et de
la vertu.*

D. QU'EST-CE que le *bien* selon
la loi naturelle ?

R. C'est tout ce qui tend à conserver et perfectionner l'homme.

D. Qu'est-ce que le *mal* ?

R. C'est tout ce qui tend à détruire et détériorer l'homme.

D. Qu'entend-on par mal et bien
physique, mal et bien *moral* ?

R. On entend par ce mot *physique*,
tout ce qui agit immédiatement sur
le corps. La santé est un bien *physi-*

que; la maladie est un mal *physique.*
Par *moral*, on entend ce qui n'agit
que par des conséquences plus ou
moins prochaines. La calomnie est
un mal *moral*; la bonne réputation
est un bien *moral*; parce que l'une
et l'autre occasionnent à notre égard
des dispositions et des *habitudes* (*)
de la part des autres hommes, qui
sont utiles ou nuisibles à notre conservation, et qui attaquent ou favorisent nos moyens d'existence.

D. Tout ce qui tend à conserver
ou à produire est donc un *bien* ?

R. Oui: et voilà pourquoi certains
législateurs ont placé au rang des

(*) C'est de ce mot *habitudes*, actions ré-
pétées, en latin *mores*, que vient le mot *moral*
et toute sa famille.

œuvres agréables à Dieu la culture
d'un champ, et la fécondité d'une
femme.

D. Tout ce qui tend à donner la
mort est donc un mal ?

R. Oui : et voilà pourquoi des législateurs ont étendu l'idée du mal
et du péché jusques sur le meurtre
des animaux.

D. Le meurtre d'un homme est
donc un crime dans la loi naturelle ?

R. Oui, et le plus grand que
l'on puisse commettre : car tout
autre mal peut se réparer ; mais le
meurtre ne se répare point.

D. Qu'est-ce qu'un *péché* dans la
loi naturelle ?

R. C'est tout ce qui tend à troubler
l'ordre établi par la nature, pour la

conservation et la perfection de l'homme et de la société.

D. L'intention peut-elle être un mérite ou un crime ?

R. Non : car ce n'est qu'une idée sans réalité ; mais elle est un commencement de péché et de mal, par la tendance qu'elle donne vers l'action.

D. Qu'est-ce que la *vertu* selon la loi naturelle ?

R. C'est la pratique des actions utiles à l'individu et à la société.

D. Que signifie ce mot individu ?

R. Il signifie un homme considéré isolément de tout autre.

D. Qu'est-ce que le *vice* selon la loi naturelle ?

R. C'est la pratique des actions

nuisibles à l'individu et à la société.

D. Est-ce que la *vertu* et le *vice* n'ont pas un objet purement spirituel, et abstrait des sens ?

R. Non : c'est toujours à un but physique qu'ils se rapportent en dernière analyse ; et ce but est toujours de détruire ou de conserver le corps.

D. Le vice et la vertu ont-ils des degrés de force et d'intensité ?

R. Oui ; selon l'importance des facultés qu'ils attaquent ou qu'ils favorisent, et selon le nombre d'individus en qui ces facultés sont favorisées ou lésées.

D. Donnez-m'en des exemples ?

R. L'action de sauver la vie d'un homme est plus vertueuse que celle de sauver son bien ; l'action de sauver la vie de dix hommes, l'est plus que de sauver la vie d'un seul ; et l'action utile à tout le genre humain est plus vertueuse que l'action utile à une seule nation.

D. Comment la loi naturelle prescrit-elle la pratique du bien et de la vertu, et défend-elle celle du mal et du vice ?

R. Par les avantages mêmes qui résultent de la pratique du bien et de la vertu pour la conservation de notre corps, et par les dommages qui résultent pour notre existence, de la pratique du mal et du vice.

D. Ses préceptes sont donc dans l'action ?

R. Oui : ils sont l'action même

considérée dans son effet présent et dans ses conséquences futures.

D. Comment divisez-vous les vertus?

R. Nous les divisons en trois classes ; 1°. vertus individuelles ou relatives à l'homme seul ; 2°. vertus domestiques ou relatives à la famille ; 3°. et vertus sociales ou relatives à la société.

C H A P I T R E I V.

Des Vertus individuelles.

D. QUELLES sont les vertus individuelles?

R. Ce sont 1°. la *science*, qui comprend la prudence et la sagesse;

2°. La *tempérance*, qui comprend la sobriété et la chasteté;

3°. Le *courage*, ou la force du corps et de l'ame;

4°. *L'activité*, c'est-à-dire, l'amour du travail et l'emploi du tems.

D. Comment la loi naturelle prescrit-elle la *science*?

R. Par la raison que l'homme qui connaît les causes et les effets de

4.

choses , pourvoit d'une manière étendue et certaine, à sa conservation et au développement de ses facultés. La science est pour lui l'œil et la lumière, qui lui font discerner avec justesse et clarté tous les objets au milieu desquels ils se meut ; et voilà pourquoi l'on dit un homme *clairvoyant*, un homme *éclairé*, pour désigner un homme savant et instruit. Avec la science et l'instruction on a sans cesse des ressources et des moyens de subsister ; et voilà pourquoi un philosophe qui avait fait naufrage , disait au milieu de ses compagnons qui se désolaient de la perte de leurs fonds , *Pour moi je porte tous mes fonds en moi.*

D. Quel est le vice contraire à la science ?

R. C'est l'ignorance.

D. Comment la loi naturelle défend-elle l'ignorance?

R. Par les graves détrimens qui en résultent pour notre existence; car l'ignorant qui ne connaît ni les causes ni les effets, commet à chaque instant les erreurs les plus pernicieuses à lui et aux autres; c'est un aveugle qui marche à tâtons, et qui à chaque pas est heurté ou heurte ses associés.

D. Quelle différence y a-t-il entre un ignorant et un sot?

R. La même différence qu'entre un aveugle de bonne foi, et un aveugle qui prétend voir clair: la sottise est la réalité de l'ignorance, plus la vanité du savoir.

D. L'ignorance et la sottise sont-elles communes?

R. Oui, très-communes; ce sont les maladies habituelles et générales du genre humain : il y a trois mille ans que le plus sage des hommes disoit, *Le nombre des sots est infini;* et le monde n'a point changé.

D. Pourquoi cela?

R. Parce que pour être instruit il faut beaucoup de travail et de tems, et que les hommes nés ignorans, et craignant la peine, trouvent plus commode de rester aveugles, et de prétendre voir clair.

D. Quelle différence y a-t-il du savant au sage?

R. Le savant connait, et le sage pratique.

D. Qu'est-ce que la prudence ?

R. C'est la vue anticipée, la *pré-voyance* des effets et des conséquences de chaque chose ; prévoyance au moyen de laquelle l'homme évite les dangers qui le menacent, saisit et suscite les occasions qui lui sont favorables : d'où il résulte qu'il pourvoit à sa conservation pour le présent et pour l'avenir d'une manière étendue et sure ; tandis que l'imprudent qui ne calcule ni ses pas, ni sa conduite ; ni ses efforts, ni les résistances, tombe à chaque instant dans mille embarras, mille périls qui détruisent plus ou moins lentement ses facultés et son existence.

D. Lorsque l'Évangile appelle bienheureux les pauvres d'esprit,

entend-il parler des ignorans et des
imprudens?

R. Non : car, en même tems qu'il
conseille la simplicité des colombes,
il ajoute la prudente finesse des
serpens. Par simplicité d'esprit on
entend la droiture, et le précepte
de l'Évangile n'est que celui de la
nature.

CHAPITRE V.

De la Tempérance.

D. QU'EST-CE que la tempérance?

R. C'est un usage réglé de nos facultés, qui fait que nous n'excédons jamais dans nos sensations le but de la nature à nous conserver : c'est la modération des passions.

D. Quel est le vice contraire à la tempérance?

R. C'est le déréglement des passions, l'avidité de toutes les jouissances, en un mot, la cupidité.

D. Quelles sont les branches principales de la tempérance?

R. Ce sont la sobriété, la continence ou la chasteté.

D. Comment la loi naturelle prescrit-elle la sobriété ?

R. Par son influence puissante sur notre santé. L'homme sobre digère avec bien-être ; il n'est point accablé du poids des alimens ; ses idées sont claires et faciles ; il remplit bien toutes ses fonctions ; il vaque avec intelligence à ses affaires ; il vieillit exempt de maladies ; il ne perd point son argent en remèdes, et il jouit avec allégresse des biens que le sort et sa prudence lui ont procurés. Ainsi d'une seule vertu la nature généreuse tire mille récompenses.

D. Comment prohibe-t-elle la gourmandise ?

R. Par les maux nombreux qui y

sont attachés. Le gourmand oppres-
sé d'alimens digère avec anxiété ; sa
tête troublée par les fumées de la
digestion ne conçoit point d'idées
nettes et claires ; il se livre avec violence à des mouvemens déréglés de
luxure et de colère qui nuisent à sa
santé ; son corps devient gras, pe-
sant et impropre au travail ; il essuie
des maladies douloureuses et dispendieuses ; il vit rarement vieux,
et sa vieillesse est remplie de dé-
goûts et d'infirmités.

D. Doit-on considérer l'abstinence et le jeûne comme des actions vertueuses ?

R. Oui, lorsque l'on a trop man-
gé ; car alors l'abstinence et le jeûne
sont des remèdes efficaces et sim-

ples : mais lorsque le corps a besoin d'alimens, les lui refuser et le laisser souffrir de soif ou de faim, c'est un délire et un véritable péché contre la loi naturelle.

D. Comment cette loi considère-t-elle l'ivroguerie ?

R. Comme le vice le plus vil et le plus pernicieux. L'ivrogne privé du sens et de la raison que Dieu nous a donnée, profane le bienfait de la Divinité ; il se ravale à la condition des brutes ; incapable de guider même ses pas, il chancèle et tombe comme l'épileptique ; il se blesse et peut même se tuer ; sa faiblesse dans cet état le rend le jouet et le mépris de tout ce qui l'environne ; il contracte dans l'ivresse des march6s ruineux, et il perd ses affaires; il lui échappe des propos outrageux qui lui suscitent des ennemis; des repentirs; il remplit sa maison de troubles, de chagrins; et finit par une mort précoce ou par une vieillesse cacochyme.

D. La loi naturelle interdit-elle absolument l'usage du vin?

R. Non; elle en défend seulement l'abus; mais, comme de l'usage à l'abus le passage est facile et prompt pour le vulgaire, peut-être les législateurs qui ont proscrit l'usage du vin, ont-ils rendu service à l'humanité.

D. La loi naturelle défend-elle l'usage de certaines viandes, de certains végétaux, à certains jours, dans certaines saisons?

R. Non : elle ne défend absolument que ce qui nuit à la santé; ses préceptes varient à cet égard comme les personnes, et ils composent même une science très-importante; car la qualité, la quantité, la combinaison des alimens ont la plus grande influence, non-seulement sur les affections momentanées de l'ame, mais encore sur ses dispositions habituelles. Un homme n'est point à jeun le même qu'après un repas, fût-il sobre. Un verre de liqueur, une tasse de café donnent des degrés divers de vivacité, de mobilité, de disposition à la colère, de tristesse ou de gaieté; tel mets, parce qu'il pèse à l'estomac, rend morose et chagrin; et tel autre, parce qu'il se digère bien, donne de l'allégresse, du penchant à obliger, à aimer. L'usage des végétaux, parce qu'ils pourrissent peu, rend le corps faible, et porte vers le repos, la paresse, la douceur; l'usage des viandes, parce qu'elles nourrissent beaucoup, et des spiritueux, parce qu'ils stimulent les nerfs, donne de la vivacité, de l'inquiétude, de l'audace. Or de ces habitudes d'alimens résultent des habitudes de constitution et d'organes qui forment ensuite les tempéramens marqués chacun de leur caractère. Et voilà pourquoi, sur-tout dans les pays chauds, les législateurs ont fait des lois de régime. De longues expériences avaient appris aux anciens, que la science diététique composait une grande partie de la science morale ; chez les Égyptiens, chez les anciens Perses, chez les Grecs même, à l'aréopage, on ne traitait les affaires graves qu'à jeun ; et l'on a remarqué que chez les peuples où l'on délibère dans la chaleur des repas ou dans les fumées de la digestion, les délibérations étaient fougueuses, turbulentes, et leurs résultats fréquemment déraisonnables et perturbateurs.

CHAPITRE VI.

De la Continence.

D. La loi naturelle prescrit-elle la continence ?

R. Oui, parce que l'usage modéré du plus vif des plaisirs est non-seulement utile, mais indispensable au maintien des forces et de la santé ; et parce qu'un calcul simple prouve que pour quelques minutes de privation, l'on se procure de longues journées de vigueur d'esprit et de corps.

D. Comment défend-elle le libertinage ?

R. Par les maux nombreux qui en

résultent pour l'existence physique et morale. L'homme qui abuse des femmes s'énerve, s'allanguit ; il ne peut plus vaquer à ses études ou à ses travaux ; il contracte des habitudes oiseuses, dispendieuses, qui portent atteinte à ses moyens de vivre, à sa considération publique, à son crédit : ces intrigues lui causent des embarras, des soucis, des querelles, des procès, sans compter les maladies graves et profondes, la perte de ses forces par un poison intérieur et lent, l'hébétude de son esprit par l'épuisement du genre nerveux ; et enfin, une vieillesse prématurée et infirme.

D. La loi naturelle prescrit-elle une chasteté absolue ?

R. Non : car quelquefois l'excès de la continence nuit à la santé, et cause des maladies graves, à raison d'une autre loi de la même nature qui ordonne à l'homme et à la femme de se reproduire.

D. Pourquoi la chasteté est-elle plus considérée comme vertu dans les femmes que dans les hommes ?

R. Parce que l'abus, et même l'usage du plaisir, a dans l'état social des inconvéniens beaucoup plus graves pour les femmes que pour les hommes : outre les incommodités de la grossesse et les douleurs de l'accouchement, elles demeurent encore chargées de la nourriture et de l'éducation des enfans ; dépenses qui les appauvrissent ; qui

...

nuisent à leurs moyens de subsistance, et portent atteinte à leur existence physique et morale. Dans cet état, privées de la fraîcheur et de la santé qui font leurs appas, portant avec elles une surcharge étrangère et coûteuse, elles sont moins recherchées par les hommes, elles ne trouvent point d'établissement solide, elles tombent dans la pauvreté, la misère, l'avilissement, et traînent avec peine une vie malheureuse.

D. La loi naturelle descend-elle jusqu'au scrupule des desirs et des pensées?

R. Oui, parce que dans les lois physiques du corps humain, les pensées et les desirs allument les ens, et provoquent bientôt les actions : de plus, par une autre loi de la nature dans l'organisation de notre corps, ces actions deviennent un besoin machinal qui se répète par périodes de jours ou de semaines, ensorte qu'à telle époque, renaît le besoin de telle action, de telle sécrétion ; et si cette action, cette sécrétion, sont nuisibles à la santé, leur habitude devient destructive de la vie même. Ainsi les desirs et les pensées ont une véritable importance naturelle.

D. Doit-on considérer la pudeur comme une vertu ?

R. Oui, parce que la pudeur, en tant que honte de certaines actions, maintient l'ame et le corps dans toutes les habitudes utiles au bon ordre et à la conservation de soi-même. La femme pudique est estimée, recherchée, établie avec des avantages de fortune qui assurent son existence, et la lui rendent agréable; tandis que l'impudente et la prostituée sont méprisées, repoussées et abandonnées à la misère et à l'avilissement.

————

CHAPITRE VII.

Du Courage, et de l'Activité.

D. Le courage et la force de corps
et d'esprit sont-ils des vertus dans
la loi naturelle?

R. Oui, et des vertus très-impor-
tantes; car elles sont des moyens
efficaces et indispensables de pour-
voir à notre conservation et à notre
bien-être. L'homme courageux et
fort repousse l'oppression, défend
sa vie, sa liberté, sa propriété; par
son travail il se procure une subsistance abondante, et il en jouit avec
tranquillité et paix d'ame. Que s'il
lui arrive des malheurs dont n'ait

pu le garantir sa prudence, il les
supporte avec fermeté et résigna-
tion; et voilà pourquoi les anciens
moralistes avaient compté la force
et le courage au rang des quatre
vertus principales.

D. Doit-on considérer la faiblesse
et la lâcheté comme des vices?

R. Oui, puisqu'il est vrai qu'elles
portent avec elles mille calamités.
L'homme faible ou lâche vit dans des
soucis, dans des angoisses perpétuel-
les; il mine sa santé par la terreur
souvent mal fondée d'attaques et de
dangers; et cette terreur qui est un
mal, n'est pas un remède: elle le
rend au contraire l'esclave de qui-
conque veut l'opprimer; et par la
servitude et l'avilissement de toute

ses facultés, elle dégrade et détériore ses moyens d'existence, jusqu'à voir dépendre sa vie des volontés et des caprices d'un autre homme.

D. Mais d'après ce que vous avez dit de l'influence des alimens, le courage et la force, ainsi que plusieurs autres vertus, ne sont-ils pas en grande partie l'effet de notre constitution physique, de notre tempérament?

R. Oui, cela est vrai, à tel point que ces qualités se transmettent par la génération et le sang, avec les élémens dont elles dépendent; les faits les plus répétés et les plus constans, prouvent que dans les races des animaux de toute espèce, l'on voit certaines qualités physiques et morales attachées à tous les individus de ces races, et s'accroître ou diminuer selon les combinaisons et les mélanges qu'elles en font avec d'autres races.

D. Mais alors que notre volonté ne suffit plus seule à nous procurer ces qualités, est-ce un crime d'en être privés?

R. Non : ce n'est point un crime; c'est un *malheur*; c'est ce que les anciens appelaient une *funeste fatalité*; mais alors même, il dépend encore de nous de les acquérir : car, du moment que nous connaissons sur quels élémens physiques se fonde telle ou telle qualité, nous pouvons en préparer la naissance, en exciter

les déreloppemens, par un manie-
ment habile de ces élémens; et voilà
ce que fait la science de l'éducation
qui, selon qu'elle est dirigée, persec-
tionne ou détériore les individus ou
les races, au point d'en changer tota-
lement la nature et les inclinations ;
et c'est ce qui rend si importante la
connaissance des lois naturelles par
lesquelles se font avec certitude et
nécessité ces opérations et ces chan-
gemens.

D. Pourquoi dites-vous que l'activité est une vertu selon la loi naturelle ?

R. Parce que l'homme qui travaille et emploie utilement son
tems, en retire mille avantages
précieux pour son existence. Est-il

né pauvre? son travail fournit à sa
subsistance; et si de plus il est sobre,
continent, prudent, il acquiert bientôt de l'aisance, et il jouit des dou-
ceurs de la vie: son travail même
lui donne ces vertus; car, tandis qu'il
occupe son esprit et son corps, il
n'est point affecté de desirs déréglés,
il ne s'ennuie point, il contracte de
douces habitudes, il augmente ses
forces, sa santé, et parvient à une
vieillesse paisible et heureuse.

D. La paresse et l'oisiveté sont
donc des vices dans la loi naturelle?

R. Oui, et les plus pernicieux de
tous les vices; car elles conduisent
à tous les autres. Par la paresse et
l'oisiveté, l'homme reste ignorant,
et perd même la science qu'il avait

acquise, et il tombe dans tous les malheurs qui accompagnent l'ignorance et la sottise; par la paresse et l'oisiveté, l'homme dévoré d'ennuis, se livre pour les dissiper à tous les desirs de ses sens, qui prenant de jour en jour plus d'empire le rendent intempérant, *gourmand*, luxurieux, énervé, lâche, vil et méprisable. Par l'effet certain de tous ces vices, il ruine sa fortune; consume sa santé, et termine sa vie dans toutes les angoisses des maladies et de la pauvreté.

D. A vous entendre, il semblerait que la pauvreté fût un vice.

R. Non : elle n'est pas un vice; mais 'elle est encore moins une vertu : car elle est bien plus près de nuire que d'être utile : elle est même communément le résultat du vice ou son commencement ; car tous les vices individuels ont l'effet de conduire à l'indigence, à la privation des besoins de la vie ; et quand un homme manque du nécessaire, il est bien près de se le procurer par des moyens vicieux, c'est-à-dire, nuisibles à la société. Toutes les vertus individuelles, au contraire, tendent à procurer à l'homme une subsistance abondante ; et quand il a plus qu'il ne consomme ; il lui est bien plus facile de donner aux autres, et de pratiquer les actions utiles à la société.

D. Est-ce que vous regardez la richesse comme une vertu ?

R. Non : mais elle est encore moins un vice ; c'est son usage seul que l'on peut appeler vertueux ou vicieux, selon qu'il est utile ou nuisible à l'homme et à la société. La richesse est comme la *science*, comme la *force* et le *courage*, un instrument dont l'usage seul et l'emploi déterminent la vertu ou le vice.

Ainsi, toutes les vertus individuelles ont pour but plus ou moins direct, plus ou moins prochain, la conservation de l'homme qui les pratique ; et par la conservation de chaque homme, elles tendent à celle de la famille et de la société, qui se composent de la somme réunie des individus.

CHAPITRE VIII.

Des Vertus domestiques.

D. QU'ENTENDEZ-VOUS par vertus domestiques ?

R. J'entends la pratique des actions utiles à la famille, censée vivre dans une même maison (*).

D. Quelles sont ces vertus ?

R. Ce sont l'économie, l'amour paternel, l'amour conjugal, l'amour filial, l'amour fraternel, et l'accomplissement des devoirs de maître et de serviteur.

(*) *Domestique* vient du mot *domus*, maison.

D. Qu'est-ce que l'économie ?

R. C'est, selon le sens le plus étendu du mot (*), la bonne administration de tout ce qui concerne l'existence de la famille ou de la maison ; et comme la subsistance y tient le premier rang, on a resserré le nom d'économie à l'emploi de l'argent aux premiers besoins de la vie.

D. Pourquoi l'économie est-elle une vertu ?

R. Parce que l'homme qui ne fait aucune dépense inutile se trouve avoir un surabondant qui est la vraie richesse ; et au moyen duquel il procure à lui et à sa famille tout ce qui est véritablement commode

___

(*) Cice-nomos, bon ordre de la maison.

et utile ; sans compter que par là il s'assure des ressources contre les pertes accidentelles et imprévues, ensorte que lui et sa famille vivent dans une douce aisance, qui est la base de la félicité humaine.

D. La dissipation et la prodigalité sont donc des vices ?

R. Oui ; car par elles l'homme finit par manquer du nécessaire ; il tombe dans la pauvreté, la misère, l'avilissement ; et ses amis mêmes, craignant d'être obligés de lui restituer ce qu'il a dépensé avec eux ou pour eux, le fuient comme le débiteur fuit son créancier ; et il reste abandonné de tout le monde.

D. Qu'est-ce que l'amour paternel ?

R. C'est le soin assidu que pren-
nent les parens, de faire contracter
à leurs enfans l'habitude de toutes
les actions utiles à eux et à la société.

D. En quoi la tendresse paternelle
est-elle une vertu pour les parens ?

R. En ce que les parens qui élè-
vent leurs enfans dans ces habitudes,
se procurent pendant le cours de
leur vie des jouissances et des se-
cours qui se font sentir à chaque instant, et qu'ils assurent à leur vieillesse des appuis et des consolations
contre les besoins et les calamités de
tout genre qui assiégent cet âge.

D. L'amour paternel est-il une
vertu commune ?

R. Non : malgré que tous les parens en fassent ostentation ; c'est une vertu rare ; ils n'aiment pas leurs enfans ; ils les caressent, et ils les gâtent ; ce qu'ils aiment en eux, ce sont les agens de leurs volontés, les instrumens de leur pouvoir, les trophées de leur vanité : ce n'est pas tant l'utilité des enfans qu'ils se proposent, que leur soumission, leur obéissance ; et si parmi les enfans l'on compte tant de bienfaits ingrats ; c'est que parmi les parens il y en a autant de bienfaiteurs ignorans et despotes.

D. Pourquoi dites-vous que l'amour conjugal est une vertu ?

R. Parce que la concorde et l'union qui résultent de l'amour des

époux, établissent au sein de la
famille une foule d'habitudes utiles
à sa prospérité et à sa conservation. Les époux unis aiment leur
maison; et ne la quittent que peu;
ils en surveillent tous les détails et
l'administration; ils s'appliquent à
l'éducation de leurs enfans; ils
maintiennent le respect et la fidélité des domestiques; ils empêchent
tout désordre, toute dissipation;
et par toute leur bonne conduite,
ils vivent dans l'aisance et la considération: tandis que les époux qui
ne s'aiment point, remplissent leur
maison de querelles et de troubles,
suscitent la guerre parmi les enfans et les domestiques; livrent les
uns et les autres à toute espèce d'ha-

bitudes vicieuses ; chacun, dans la
maison , dissipe , pille , dérobe de
son côté : les revenus s'absorbent
sans fruit ; les dettes surviennent ;
les époux mécontens se fuient , se
font des procès ; et toute cette famille tombe dans le désordre , la
ruine , l'avilissement et le manque
du nécessaire.

D. L'adultère est-il un délit dans
la loi naturelle ?

R. Oui : car il traîne avec lui
une foule d'habitudes nuisibles aux
époux et à la famille. La femme ou
le mari , épris d'affections étrangères , négligent leur maison , la
fuient , en détournent autant qu'ils
peuvent les revenus, pour les dépen-
ser avec l'objet de leurs affections ;

delà les querelles, les scandales, les procès, le mépris des enfans et des domestiques, le pillage et la ruine finale de toute la maison.

D. Qu'est-ce que l'amour filial?

R. C'est, de la part des enfans, la pratique des actions utiles à eux et à leurs parens.

D. Comment la loi naturelle prescrit-elle l'amour filial?

R. Par trois motifs principaux: 1°. par sentiment, car les soins affectueux des parens inspirent dès le bas âge de douces habitudes d'attachement; 2°. par justice, car les enfans doivent à leurs parens le retour et l'indemnité des soins, et même des dépenses qu'ils leur ont causées; 3°. par intérêt personnel, car, s'ils les traitent mal, ils donnent à leurs propres enfans des exemples de révolte et d'ingratitude qui les autorisent un jour à leur rendre la pareille.

D. Doit-on entendre par amour filial une soumission passive et aveugle ?

R. Non, mais une soumission raisonnable et fondée sur la connaissance des droits et des devoirs mutuels des pères et des enfans; droits et devoirs sans l'observation desquels leur conduite mutuelle n'est que désordre.

D. Pourquoi l'amour fraternel est-il une vertu ?

R. Parce que la concorde et l'union qui résultent de l'amour des frères, établissent la force, la sureté, la conservation de la famille : les frères unis se défendent mutuellement de toute oppression, ils s'aident dans leurs besoins, se secourent dans leurs infortunes, et assurent ainsi leur commune existence ; tandis que les frères désunis, abandonnés chacun à leurs forces personnelles, tombent dans tous les inconvéniens de l'isolement et de la faiblesse individuelle. C'est ce qu'exprimait ingénieusement ce roi Scythe, qui, au lit de la mort, ayant appelé ses enfans, leur ordonna de rompre un faisceau de flèches : les jeunes gens, quoique nerveux, né l'ayant pu, il le prit à son tour, et l'ayant délié ;

il brisa du bout des doigts chaque
flêche séparée. Voilà, leur dit-il,
les effets de l'union ; unis en faisceau ; vous serez invincibles ; pris
séparément, vous serez brisés comme des roseaux.

- D. Quels sont les devoirs réci-
proques des maîtres et des servi-
teurs ?

R. C'est la pratique des actions
qui leur sont respectivement et
justement utiles ; et là commen-
cent les rapports de la société ;
car la règle et la mesure de ces
actions respectives, est l'équilibre
ou l'égalité entre le service et la
récompense, entre ce que l'un rend
et ce que l'autre donne ; ce qui est
la base fondamentale de toute société.

Ainsi, toutes les vertus domestiques et individuelles se rapportent plus ou moins médiatement, mais toujours avec certitude, à l'objet physique de l'amélioration et de la conservation de l'homme, et sont par-là des préceptes résultans de la loi fondamentale de la nature dans sa formation.

CHAPITRE IX.

Des Vertus sociales.

D. Qu'est-ce que la société?

R. C'est toute réunion d'hommes vivant ensemble sous les clauses d'un contrat exprès ou tacite qui a pour but leur commune conservation.

D. Les vertus sociales sont-elles nombreuses?

R. Oui : l'on en peut compter autant qu'il y a d'espèces d'actions utiles à la société; mais toutes se réduisent à un seul principe.

D. Quel est ce principe fondamental?

R. C'est la *justice*, qui seule comprend toutes les vertus de la société.

D. Pourquoi dites-vous que la justice est la vertu fondamentale et presque unique de la société ?

R. Parce qu'elle seule embrasse la pratique de toutes les actions qui lui sont utiles ; et que toutes les autres vertus sous les noms de charité, d'humanité, de probité, d'amour de la patrie, de sincérité, de générosité, de simplicité de mœurs et de modestie ; ne sont que des formes variées et des applications diverses de cet axiome, *Ne fais à autrui que ce que tu veux qu'il te fasse* ; qui est la définition de la justice.

D. Comment la loi naturelle prescrit-elle la justice ?

R. Par trois attributs physiques, inhérens à l'organisation de l'homme.

D. Quels sont ces attributs ?

R. Ce sont l'égalité, la liberté, la propriété.

D. Comment l'égalité est-elle un attribut physique de l'homme ?

R. Parce que tous les hommes ayant également des yeux, des mains, une bouche, des oreilles, et le besoin de s'en servir pour vivre, ils ont par ce fait même un droit égal à la vie, à l'usage des élémens qui l'entretiennent ; ils sont tous égaux devant Dieu.

D. Est-ce que tous prétendez que tous les hommes entendent également, voient également, sentent également, ont des besoins égaux, des passions égales ?

R. Non ; car il est d'évidence et de fait journalier, que l'un a la vue courte, et l'autre longue ; que l'un mange beaucoup, et l'autre peu ; que l'un a des passions douces, et l'autre violentes ; en un mot, que l'un est faible de corps et d'esprit, tandis que l'autre est fort.

D. Ils sont donc réellement inégaux ? . . . . . .

R. Oui, dans le développement de leurs moyens, mais non pas dans la nature et l'essence de ces moyens ; c'est une même étoffe, mais les dimensions n'en sont pas égales, le poids, la valeur n'en sont pas les mêmes. Notre langue n'a pas le mot propre pour désigner à la fois l'identité de la nature, et la diversité de forme et d'emploi. C'est une égalité proportionnelle ; et voilà pourquoi j'ai dit égaux devant Dieu, dans l'ordre de nature ; mais non dans l'ordre de société.

D. Comment la liberté est-elle un attribut physique de l'homme ?

R. Parce que tous les hommes ayant des sens suffisans à leur conservation, nul n'ayant besoin de l'œil d'autrui pour voir ; de son oreille pour entendre, de sa bouche pour manger, de son pied pour marcher ; ils sont tous par ce fait même constitués naturellement indépendans, libres ; nul n'est nécessairement soumis à un autre, ni n'a le droit de le dominer.

D. Mais si un homme est né fort, n'a-t-il pas le droit naturel de maîtriser l'homme né faible?

R. Non ; car ce n'est ni une nécessité pour lui, ni une convention entre eux, c'est une extension abusive de sa force ; et l'on abuse du mot *droit,* qui dans son vrai sens ne peut désigner que *nécessité* ou *faculté réciproque.*

D. Comment la propriété est-elle un attribut physique de l'homme?

R. En ce que tout homme étant constitué égal ou semblable à un autre, et par conséquent indépendant, libre, chacun est le maître absolu, le propriétaire plénier de son corps et des produits de son travail.

D. Comment la justice dérive-t-elle de ces trois attributs?

R. En ce que les hommes étant égaux, libres, ne se devant rien, ils n'ont le droit de rien se demander les uns aux autres, qu'autant qu'ils se rendent des valeurs égales, qu'autant que la balance du donné au rendu est en *équilibre*; et c'est cette *égalité*, cet *équilibre* qu'on appelle *justice*, *équité* (*): c'est-à-dire, qu'*égalité* et *justice* sont un même mot, sont la même *loi* naturelle, dont toutes les vertus sociales ne sont que des applications et des dérivés.

(*) *Æquitas, æquilibrium, æqualitas*, sont tous de la même famille.

CHAPITRE X.

Développement des Vertus sociales.

D. DÉVELOPPEZ-MOI comment les vertus sociales dérivent de la loi naturelle. Comment la charité ou l'amour du prochain en est-il un précepte, une application ?

R. Par raison d'égalité et de réciprocité ; car, lorsque nous nuisons à autrui, nous lui donnons le droit de nous nuire à son tour : ainsi, en attaquant l'existence d'autrui, nous portons atteinte à la nôtre par l'effet de la réciprocité ; au contraire, en fesant du bien à autrui, nous avons lieu et droit d'en attendre l'échange, l'équivalent : et tel est le caractère de toutes les vertus sociales, d'être utiles à l'homme qui les pratique, par le droit de réciprocité qu'elles lui donnent sur ceux à qui elles ont profité.

D. La charité n'est donc que la justice ?

R. Non ; elle n'est que la justice, avec cette nuance que la stricte justice se borne à dire, *Ne fais pas à autrui le mal que tu ne voudrais pas qu'il te fît*, et que la charité ou l'amour du prochain s'étend jusqu'à dire, *Fais à autrui le bien que tu en voudrais recevoir*. Ainsi l'évangile en disant que ce précepte renfermait toute la loi et tous les prophètes, ne fesait qu'énoncer le précepte de la loi naturelle.

D. Ordonne-t-elle le pardon des injures ?

R. Oui, entant que ce pardon s'accorde avec la conservation de nous-mêmes.

D. Donne-t-elle le précepte de tendre l'autre joue quand on a reçu un soufflet ?

R. Non ; car d'abord il est contraire à celui d'aimer le prochain *comme soi-même*, puisqu'on l'aimerait plus que soi, lui qui attente à notre conservation. 2°. Un tel précepte pris à la lettre, encourage le méchant à l'oppression et à l'injustice ; et la loi naturelle a été plus sage, en prescrivant une mesure calculée de courage et de modération, qui fait oublier une première injure de vivacité , mais qui punit tout acte tendant à l'oppression.

D. La loi naturelle prescrit-elle de faire du bien à autrui sans compte et sans mesure ?

R. Non , car c'est un moyen certain de le conduire à l'ingratitude. Telle est la force du sentiment de la justice implanté dans le cœur des hommes , qu'ils ne sayent pas même gré des bienfaits donnés sans discrétion. Il n'est qu'une seule mesure avec eux , c'est d'être juste.

D. L'aumône est-elle une action vertueuse ?

R. Oui , quand elle est faite selon cette règle ; sans quoi elle devient une imprudence et un vice, en ce qu'elle fomente l'oisiveté , qui est nuisible au mendiant et à la société ; nul n'a droit de jouir du bien et du travail d'autrui, sans rendre un équivalent de son bien et de son travail.

D. La loi naturelle considère-t-elle comme vertus l'espérance et la foi que l'on joint à la charité ?

R. Non, car ce sont des idées sans réalité : que s'il en résulte quelques effets, ils sont plutôt à l'avantage de ceux qui n'ont pas ces idées, que de ceux qui les ont ; ensorte que l'on peut appeler la *foi* et l'*espérance* les vertus des *dupes* au profit des *fripons*.

D. La loi naturelle prescrit-elle la probité ?

R. Oui, car la probité n'est autre chose que le respect de ses propres droits dans ceux d'autrui ; respect fondé sur un calcul prudent et bien combiné de nos intérêts comparés à ceux des autres.

D. Mais ce calcul qui embrasse des intérêts et des droits compliqués dans l'état social, n'exige-t-il pas des lumières et des connaissances qui en font une science difficile ?

R. Oui ; et une science d'autant plus délicate, que l'honnête homme prononce dans sa propre cause.

D. La probité est donc un signe d'étendue et de justesse dans l'esprit ?

R. Oui : car presque toujours l'honnête homme néglige un intérêt présent, afin de ne pas en détruire un à venir ; tandis que le fripon fait le contraire, et perd un grand intérêt à venir, pour un petit intérêt présent.

R. L'improbité est donc un signe de fausseté dans le jugement, et de circonscription dans l'esprit. ?

R. Oui, et l'on peut définir les fripons, des calculateurs ignorans ou sots ; car ils n'entendent point leurs véritables intérêts ; et ils ont la prétention d'être fins ; et cependant leurs finesses n'aboutissent jamais qu'à être connus pour ce qu'ils sont, à perdre la confiance, l'estime, et tous les bons services qui en résultent pour l'existence sociale et physique. Ils ne vivent en

paix ni avec les autres ; ni avec eux-
mêmes ; et sans cesse menacés par
leur conscience et par leurs ennemis, ils ne jouissent d'autre bonheur réel que de celui de n'être pas
pendus.

D. La loi naturelle défend donc
le vol ?

R. Oui : car l'homme qui vole
autrui, lui donne le droit de le vo-
ler ; dès lors plus de sureté dans
sa propriété ni dans ses moyens de
conservation : ainsi en nuisant à autrui, il se nuit par contre-coup à
lui-même.

D. Défend-elle même le désir du
vol ?

R. Oui : car ce désir même naturellement à l'action, et voilà pour-

quoi l'on a fait un péché de l'envie.

D. Comment défend-elle le meurtre ?

R. Par les motifs les plus puissans de la conservation de soi-même ; car, 1°. l'homme qui attaque, s'expose au risque d'être tué, par droit de défense ; 2°. s'il tue, il donne aux parens, aux amis du mort, et à toute la société le droit de le tuer lui-même, et il ne vit plus en sureté.

D. Comment peut-on dans la loi naturelle réparer le mal qu'on a fait?

R. En rendant un bien proportionnel à ceux à qui on l'a fait.

D. Permet-elle de le réparer par des prières, des vœux, des offrandes à Dieu, des jeûnes, des mortifications ?

R. Non : car toutes ces choses sont étrangères à l'action que l'on veut réparer ; elles ne rendent ni le bœuf à celui à qui on l'a volé, ni l'honneur à celui que l'on en a privé, ni la vie à celui à qui on l'a arrachée ; par conséquent elles manquent le but de la justice ; elles ne sont qu'un contrat pervers, par lequel un homme vend à un autre un bien qui ne lui appartient pas : elles sont une véritable dépravation de la morale, en ce qu'elles enhardissent à consommer tous les crimes par l'espoir de les expier : aussi ont-elles été la cause véritable de tous les maux qui ont toujours tourmenté les peuples chez qui ces pratiques expiatoires ont été usitées.

D. La loi naturelle ordonne-t-elle la sincérité?

R. Oui : car le mensonge, la perfidie, le parjure, suscitent parmi les hommes les défiances, les querelles, les haines, les vengeances, et une foule de maux qui tendent à leur ruine et à leur destruction commune.

D. Prescrit-elle la douceur et la modestie?

R. Oui : car la rudesse et la dureté, en aliénant de nous le cœur des autres hommes, leur donne des dispositions à nous nuire ; l'ostentation et la vanité, en blessant leur amour propre et leur jalousie, nous font manquer le but d'une véritable utilité.

D. Prescrit-elle l'humilité comme une vertu ?

R. Non : car il est dans le cœur humain de mépriser secrètement tout ce qui lui présente l'idée de la faiblesse ; et l'avilissement de soi, encourage dans autrui l'orgueil et l'oppression ; il faut tenir la balance juste.

D. Vous avez compté pour vertu sociale la *simplicité des mœurs*; qu'entendez-vous par ce mot ?

R. J'entends le resserrement des besoins et des désirs à ce qui est véritablement utile à l'existence du citoyen et de sa famille ; c'est-à-dire, que l'homme de *mœurs simples* a peu de besoins, et vit content de peu.

D. Comment cette vertu nous est-elle prescrite?

R. Par les avantages nombreux que sa pratique procure à l'individu et à la société; car l'homme qui a besoin de peu, s'affranchit tout-à-coup d'une foule de soins, d'embarras, de travaux, évite une foule de querelles et de contestations qui naissent de l'avidité et du desir d'acquérir; il s'épargne les soucis de l'ambition, les inquiétudes de la possession, et les regrets de la perte; trouvant par-tout du superflu, il est le véritable riche; toujours content de ce qu'il a, il est heureux à peu de frais; et les autres ne craignant point sa rivalité le laissent tranquille, et sont disposés au besoin à lui rendre service.

Que si cette vertu de simplicité s'étend à tout un peuple, il s'assure par elle l'abondance ; riche de tout ce qu'il ne consomme point , il acquiert des moyens immenses d'échange et de commerce ; il travaille, fabrique, vend à meilleur marché que les autres, et atteint à tous les genres de prospérité au-dedans et au-dehors.

D. Quel est le vice contraire à cette vertu ?

R. C'est la cupidité et le luxe.

D. Est-ce que le luxe est un vice pour l'individu et la société ?

R. Oui : à tel point, que l'on peut dire qu'il embrasse avec lui tous les autres ; car, l'homme qui se donne le besoin de beaucoup de choses,

s'impose par là même tous les soucis,
et se soumet à tous les moyens justes
ou injustes de leur acquisition. A-t-il
une jouissance, il en desire une
autre, et au sein du superflu de
tout, il n'est jamais riche : un loge-
ment commode ne lui suffit pas ; il
lui faut un hôtel superbe : il n'est
pas content d'une table abondante ;
il lui faut des mets rares et coûteux :
il lui faut des ameublemens fas-
tueux ; des vêtemens dispendieux,
un attirail de laquais, de chevaux,
de voitures, des femmes, des spec-
tacles, des jeux. Or, pour fournir à
tant de dépenses, il lui faut beaucoup d'argent ; et pour se le procurer, tout moyen lui devient bon,
et même nécessaire : il emprunte

d'abord, puis il dérobe, pille, vole, fait banqueroute, est en guerre avec tous, ruine et est ruiné.

Que si le luxe s'applique à une nation, il y produit en grand les mêmes ravages ; par cela qu'elle consomme tous ses produits, elle se trouve pauvre avec l'abondance ; elle n'a rien à vendre à l'étranger ; elle manufacture à grands frais ; elle vend cher ; elle se rend tributaire de tout ce qu'elle retire ; elle attaque au-dehors sa considération, sa puissance, sa force, ses moyens de défense et de conservation ; tandis qu'au-dedans elle se mine et tombe dans la dissolution de ses membres. Tous les citoyens étant avides de jouissances, se mettent dans une lutte violente pour se les procurer; tous se nuisent ou sont prêts à se nuire: et delà des actions et des habitudes usurpatrices qui composent ce que l'on appelle *corruption morale*, guerre intestine de citoyen à citoyen. Du luxe naît l'avidité, de l'avidité l'invasion par violence, par mauvaise foi; du luxe naît l'iniquité du juge, la vénalité du témoin, l'improbité de l'époux, la prostitution de la femme, la dureté des parens, l'ingratitude des enfans, l'avarice du maître, le pillage du serviteur, le brigandage de l'administrateur, la perversité du législateur, le mensonge, la perfidie, le parjure, l'assassinat, et tous les désordres de l'état social;

...

ensorte que c'est avec un sens pro-
fond de vérité que les anciens moralistes ont posé la base des vertus
sociales sur la simplicité des mœurs,
la restriction des besoins, le con-
tentement de peu; et que l'on peut
prendre pour mesure certaine des
vertus ou des vices d'un homme, la
mesure de ses dépenses proportionnées à son revenu, et calculer sur
ses besoins d'argent, sa probité,
son intégrité, sa fidélité à remplir
ses engagemens, son dévouement à
la chose publique, et son amour
sincère ou faux de la *Patrie*.

D. Qu'entendez-vous par ce mot
patrie ?

R. J'entends la *communion* des
citoyens, qui, réunis par des senti-

mens fraternels et des besoins réci-
proques, font de leurs forces respectives une force commune; dont la
réaction sur chacun d'eux prend le
caractère conservateur et bienséé-
sant de la paternité. Dans la société,
les citoyens forment une banque
d'intérêt; dans la patrie, ils forment une famille de doux attache-
mens; c'est la charité, l'amour du
prochain étendu à toute une nation.
Or, comme la charité ne peut s'iso-
ler de la justice, nul membre de
la famille ne peut prétendre à la
jouissance de ses avantages, que
dans la proportion de ses travaux,
de son utilité; et dans ses travaux
s'il consomme plus qu'il n'en résulte, il empiète nécessairement sur

autrui ; et ce n'est qu'autant qu'il
consomme au-dessous de ce qu'il
produit ou de ce qu'il possède, qu'il
peut acquérir des moyens de sacri-
fice et de générosité.

D. Que concluez-vous de tout
ceci ?

R. J'en conclus que toutes les vertus sociales ne sont que l'habitude
des actions utiles à la société, et à
l'individu qui les pratique ; qu'elles
reviennent toutes à l'objet physique
de la conservation de l'homme ; que
la nature ayant implanté en nous
le besoin de cette conservation, elle
nous fait une loi de toutes ses conséquences, et un crime de tout ce qui
s'en écarte ; que nous portons en nous
le germe de toute vertu, de toute per-

fection ; qu'il ne s'agit que de le développer ; que nous ne sommes heureux qu'autant que nous observons
les règles établies par la nature dans
le but de notre conservation ; et
que toute sagesse, toute perfection,
toute loi, toute vertu, toute philo-
sophie, consistent dans la pratique
de ces axiomes fondés sur notre
propre organisation :

Conserve-toi ;

Instruis-toi ;

Modère-toi ;

Vis pour tes semblables, afin qu'ils
vivent pour toi.

TABLE
DES CHAPITRES.

FIN DE LA TABLE.